La *Notice sur Étienne Médicis et ses Manuscrits*
paraîtra avec le Tome second.

LA
SOÙVERAINETÉ NATIONALE

ET LA

RÉVOLUTION

DU MÊME AUTEUR.

LA
SOUVERAINETÉ NATIONALE

ET LA

RÉVOLUTION

PAR

NOURRISSON

Membre de l'Institut.

« Jampridem equidem nos vera
vocabula rerum amisimus. »
Salusti Catilina.

PARIS

LIBRAIRIE ACADÉMIQUE

DIDIER ET Cᵗᵉ, LIBRAIRES-ÉDITEURS,

QUAI DES AUGUSTINS, 35.

—

1872

Réserve de tous droits.

LA

SOUVERAINETÉ NATIONALE

ET LA

RÉVOLUTION

Tel a été l'ébranlement produit dans le corps social, non-seulement en France, mais en Europe et dans le monde entier, par la révolution française, que cette crise terrible est restée excellemment, aux yeux des hommes, la Révolution. L'âge moderne a vu s'opérer d'autres transformations, ou se précipiter d'autres catastrophes, qui ont plus ou moins longuement retenti. Mais ces révolutions, toutes locales, n'ont rien modifié au delà des contrées mêmes où elles se produisaient. Seule, la révolution française n'a pas connu de frontières, et, en donnant à la France comme une face nouvelle, a pénétré tous les peuples de son influence.

Assurément, au dedans, de même qu'au dehors, la révolution française n'a porté coup qu'à ce qui menaçait ruine, ou n'a manifesté l'énergie que de forces qui préexistaient. Toutefois, si la révolution française n'a point accompli l'œuvre du temps ; si elle n'est, en définitive, qu'une résultante du dix-huitième siècle, que déjà le dix-septième siècle avait préparée, elle n'en a pas moins, au dedans, de même qu'au dehors, exercé une action d'une portée incalculable.

Au dehors, pendant tout le dix-huitième siècle, la France avait été pour l'Europe une école de belles-lettres, de libre examen, de politique. La révolution française, faisant passer dans les mœurs les idées qui agitaient les esprits, inaugura en Europe une ère nouvelle de savoir, de justice, d'améliorations sociales.

Au dedans, pendant tout le dix-huitième siècle, la France s'était, en quelque façon, acharnée à la critique d'elle-même. La révolution française, traduisant en actes les théories, proscrivit le passé sans merci comme sans mesure, et, par le complet affermissement de l'unité nationale, par la conquête de l'égalité civile, prépara l'avénement de la liberté politique.

En somme, le dix-huitième siècle n'avait été qu'une bruyante protestation contre le moyen âge, qui paraissait se survivre à lui-même. La révolution française, au dedans comme au dehors, en Europe comme en

France, hâta ou décida la fin du moyen âge. Au régime du moyen âge ou à la féodalité, au dedans comme au dehors, en Europe comme en France, elle tendit à substituer ou substitua le système des gouvernements représentatifs. D'un seul mot, la révolution française fut, en politique, une révolution Copernicienne. Le centre de la vie des peuples était l'autorité, d'où procédait le droit. Elle fit du droit le centre d'où il faudrait, dorénavant, que procédât l'autorité.

Oui, et c'est ce qu'implicitement on affirme toutes les fois qu'on invoque les principes de 1789; oui, c'est la souveraineté du droit qu'en dépit de ses théories matérialistes et de ses doctrines athées, a proclamée la révolution française. Elle a eu, il est vrai, le tort énorme de confondre cette souveraineté du droit avec la souveraineté du peuple. De là d'horribles aberrations. Mais elle a distingué de la souveraineté du prince, la souveraineté du droit. De là d'inappréciables bienfaits.

Osons l'affirmer hautement : ni le peuple n'est souverain, ni un prince n'est, par lui-même, souverain.

Il n'y a pas de souveraineté du prince. Car un prince n'est-il pas pétri de la même argile que les autres mortels? N'a-t-il pas une même origine, une même fin, des infirmités qui sont les mêmes? N'est-ce point par pure figure qu'il est permis de dire qu'un prince a été établi de Dieu sur une nation? Et, ainsi, le moyen d'admettre qu'un prince puisse, non pas simplement servir d'instrument à la souveraineté, mais constituer la souveraineté?

Il n'y a pas davantage de souveraineté du peuple. Car le peuple, fût-il tout un peuple, et non pas une fraction d'un peuple, ni la plus infime, par cela même qu'une souveraineté ne va pas sans sujets et qu'il implique qu'un peuple soit tout ensemble sujet et souverain, comment ne point observer que, si on attache aux termes qu'on emploie une signification précise, la souveraineté du peuple n'est concevable que là où se rencontrent des esclaves? A Rome, à Athènes, il était logique qu'on parlât de la souveraineté du peuple. Parmi nous, le dogme de la souveraineté du peuple n'est qu'un dangereux anachronisme et une classique absurdité.

Il n'y a, en définitive, d'autre souveraineté que celle du droit, et c'est pour avoir proclamé, par la révolution française, au-dessus de la souveraineté du prince, la souveraineté du droit, que le dix-huitième siècle demeure, non-seulement pour la France, mais pour l'univers entier, vraiment un grand siècle.

Est-ce à dire que l'ancien régime soit dépourvu de gloire, que son passé ne compte pas pour beaucoup, que son souvenir n'ait rien qui attache ? L'histoire démentirait de tout point une pareille assertion. Car c'est grâce à ce régime que la France s'est formée, qu'elle a grandi, qu'elle s'est élevée au premier rang par la puissance, par la bravoure, par l'esprit, par la politesse. Que de fois, en parcourant les avenues, les galeries, les jardins de Versailles, n'ai-je pas évoqué la société brillante, spirituelle, exquise, qui occupait ce fastueux et suprême asile de la monarchie ! Capitaines héroïques, administrateurs de génie, orateurs éloquents, écrivains inimitables, philosophes sublimes, artistes amoureux de la vraie grandeur, antique descendance des rois, élégances éblouissantes et charmantes, tout ce qui répand du lustre sur les choses humaines se trouvait là réuni, autorisant Bossuet à répéter, en parlant de la couronne de France, cet éloge singulier : « qu'elle est autant au-dessus des autres couronnes du monde, que la dignité royale surpasse les fortunes particulières (1). » Mais quoi! toutes ces magnificences ne sont-elles pas disparues sans retour? Le vide n'a-t-il point pour toujours envahi ces avenues splendides, le silence ces somptueuses galeries, le promeneur vulgaire ces jardins enchantés? Mais quoi! tout cet éclat ne recouvrait-il pas d'attristantes misères, et la nation ne se sentait-elle point obstruée, neutralisée par une noblesse devenue désormais parasite ?

(1) *Oraison funèbre de Henriette de France, reine d'Angleterre.*

D'autre part, comment ne pas le constater? Si le dix-huitième siècle a distingué à tout jamais, par la révolution française, de la souveraineté du prince la souveraineté du droit, c'est malheureusement le dix-huitième siècle aussi qui a ravivé, décuplé en France et en tous lieux les forces dissolvantes de l'esprit révolutionnaire, en ramenant à la souveraineté du peuple la souveraineté du droit.

« On se tromperait fort, » écrivait Barnave (1), si, sous cette expression : le peuple, on voulait apercevoir, et surtout apercevoir exclusivement, ce petit nombre d'esprits turbulents qui s'agitent dans les clubs, et sont, pour la plupart, les instruments aveugles de chefs de factions. Ce qu'il faut ap-

(1) *Œuvres de Barnave,* publiées par M. Bérenger, de la Drôme; 4 v. in-8°; Paris, 1843; t. II. p. 72 : *Réflexions sur la Révolution,* ch. xvii.

peler peuple, c'est, depuis le négociant jusqu'à l'ouvrier, toute la partie industrieuse de la nation qui veut le gouvernement et la paix ; qui sent que le travail ne peut fleurir qu'à l'abri d'une puissance protectrice ; qui veut la liberté et l'égalité, parce qu'elle a souffert à l'excès de l'oppression politique, judiciaire et fiscale, des distinctions et des priviléges. »

On en conviendra. Depuis des années, l'oppression politique, judiciaire et fiscale, les distinctions et les priviléges, que déplorait l'infortuné Barnave, ne pèsent plus sur la France. Combien, au contraire, loin d'avoir été dissipée par un patriotique bon sens, ne s'est pas accrue, développée, et, au grand dommage de la chose publique, introduite brutalement dans les faits, l'équivoque si pernicieuse et si perfide, quoique si grossière, de cette expression : le peuple! En effet, voyez! C'est à la noblesse qu'on a d'abord opposé le peuple. C'est à la bourgeoisie qu'on a ensuite opposé le peuple. Or, actuellement, qu'est-ce que le peuple? Est-ce le magistrat qui est le peuple? Est-ce le soldat qui est le peuple? Est-ce le prêtre qui est le peuple? Est-ce le savant qui est le peuple? Est-ce l'artiste qui est le peuple? Est-ce l'agriculteur qui est le peuple? Est-ce l'industriel qui est le peuple? Non, ni le magistrat, ni le soldat, ni le prêtre, ni le savant, ni l'artiste, ni l'agriculteur, ni l'industriel ne sont le peuple. Le peuple, c'est le prolétaire! L'ouvrier qui n'a que ses bras, voilà le peuple! La multitude insolente et indolente, qui n'a ni drapeau, ni foyer, voilà le peuple! Que dis-je? La minorité toujours factieuse et toujours prête à mettre la majorité hors la loi, voilà le peuple ! Voilà le peuple que l'on caresse de la voix et de la lyre; peuple-roi et peuple-dieu, pour lequel on parle, on écrit, on philosophe, on chante, parce que ces bras qui peuvent, à des heures d'égarement, propager le pillage, et, avec l'assassinat, l'incendie, peuvent, à d'autres moments aussi, dresser à une hypocrite ambition des pavois.

Ah ! s'il est vrai que tout flatteur soit un animal traître et odieux, et si les princes ont eu des flatteurs que poursuit la réprobation universelle, que dire des flatteurs du peuple ainsi entendu ? Car nous en sommes venus à l'entendre ainsi. Assurément, la souveraineté du peuple, qui se substitue à la souveraineté du droit, est encore plus affreuse que la souveraineté du prince, qui se donne pour la souveraineté du droit. Ici, c'est le despotisme qui soumet un pays à ses caprices; là, c'est l'anarchie qui souille un pays de ses orgies et l'affole de terreur.

Mais, encore un coup, il n'y a ni souveraineté du peuple, ni souveraineté du prince. Il n'y a, pour les sociétés comme pour les individus, qu'une souveraineté, la souveraineté du droit. Au nom de la souveraineté du droit, un individu, parce qu'il est un être moral, demeure maître de lui et peut, à ses risques et périls, disposer de son sort. Au nom de la souveraineté du droit, une nation, tout un peuple, et non point une fraction de la nation, la plèbe ou même la populace; une nation, parce qu'elle est un être moral, demeure maîtresse d'elle-même et peut, à ses risques et périls, disposer de son sort. De la souveraineté du droit dérive la souveraineté nationale.

Cependant, de toute évidence, il faut que cette souveraineté du droit ou du juste, qui rend à chacun ce qui lui appartient ; qui n'oppose à la liberté de chacun d'autre limite qu'une liberté semblable ; qui place l'égalité, non pas dans le nivellement, mais dans l'exercice également libre de facultés inégales, il est indispensable que cette souveraineté du droit s'incarne, en quelque manière ; qu'elle revête une forme sensible, qu'elle cesse d'être une abstraction pour devenir une réalité contraignante. Les hommes, en effet, suivant la parole mélancolique de Pascal, les hommes ne pouvant faire que ce qui est juste fût fort, ont été constamment obligés de faire que ce qui est fort fût juste. De là l'impérieuse nécessité et aussi la diversité des gouvernements. A ce compte, les gouvernements se trouvent donc être, non des fins, mais des

moyens, et ce n'est que par un renverse-
ment vraiment incompréhensible des choses, qu'on a jamais pu supposer que les
peuples fussent faits pour les gouvernements, et non pas les gouvernements pour
les peuples. Ce sera l'éternel honneur du
dix-huitième siècle que d'avoir, par la révolution française, détruit un préjugé aussi
fabuleux.

Mais une des erreurs les plus enraci-
nées, comme les plus répandues en matière de gouvernement, consiste à imaginer
qu'un gouvernement a pour objet la conciliation des opinions, et non point uniquement la conciliation des intérêts. Aucune
erreur n'est plus accréditée et aucune, néanmoins, n'est plus préjudiciable. C'est, en
grande partie, pour avoir substitué, con-
formément à l'esprit du dix-huitième siècle,
à une représentation et à un débat d'in-

térèts, une représentation et un débat d'o-
pinions, que la révolution française est sortie de ses voies. Qu'importent les opinions
qui dépendent, en tant qu'opinions, de l'é-
tendue, de la pénétration, de la bonne ou de
la mauvaise direction de l'esprit? Un gouvernement n'est pas une discipline d'école,
et, par essence, doit, en somme, rester assez
indifférent à ce qui n'est qu'opinion. Un
gouvernement est une force mise au service
de la justice, une force qui lutte, non point
contre des opinions inertes, mais contre
des passions agissantes, et qui a pour tâ-
che, avant tout, de maintenir sous l'égide
de la fraternité humaine, dans leurs rapports si complexes à la fois et si délicats, la
distinction inviolable du tien et du mien.
Or, si telle est l'origine, si tel est le rôle
d'un gouvernement, n'est-il pas simple
que le gouvernement qui est nécessaire, of-

fre aussi une nécessaire diversité? Sans doute il y a un idéal de gouvernement. C'est l'absence même de gouvernement, et cet idéal pourrait être réalisé dans une cité d'anges, que suffirait à régir la justice tempérée par l'amour. Mais il n'en va pas ainsi dans la cité des hommes, qui ne sont point de purs esprits, et que trop souvent leurs mauvais penchants écartent des termes de la raison. La cité des hommes a un perpétuel et pressant besoin de cet instrument d'exécution et de protection qui est un gouvernement. Sans doute encore, plus le droit est obéi pour lui-même et plus une nation occupe dans le monde une place éminente. Toutefois, et bien que le progrès consiste à tendre, pour ainsi parler, à un minimum de gouvernement par un maximum d'obéissance au droit, ne serait-ce pas méconnaître la nature humaine que de soutenir qu'à un moment quelconque, une société quelconque soit en état de se passer d'un gouvernement? Et l'anarchie elle-même, quoique l'abolition de tout gouvernement, ne recèle-t-elle pas au fond une sorte de gouvernement? Incontestablement, de même que la société, le gouvernement est chose naturelle et de fait.

Comme d'ailleurs les sociétés varient avec les éléments dont elles se composent, avec les temps où elles se développent, avec les lieux où elles vivent, avec les traditions qui leur sont particulières, c'est également chose naturelle et de fait que la variété inévitable des gouvernements.

Dès lors, qu'on y pense! Que signifient ces utopies cosmopolites, où, contrairement à la nature des choses, on aspire à réduire en un des peuples de conditions les plus diverses? Ce sont-là des rêves, *ægri somnia,* mais des rêves dangereux, où s'évanouit, dans l'idée d'humanité, l'idée de patrie.

Dès lors aussi, qu'on y pense! A quoi bon tant de discussions intarissables sur la meilleure forme de gouvernement? Comme si le meilleur, en matière de gouvernement, n'était pas tout relatif! Comme si, en résumé, la meilleure forme de gouvernement pour un peuple n'était pas celle qui s'adapte le mieux aux éléments dont il se compose, aux temps où il se développe, aux lieux où il vit, aux traditions qui lui sont particulières!

Dès lors enfin, qu'on y pense! N'est-ce pas commettre un contre-sens déplorable, fertile en déceptions désastreuses, que de vouloir imposer à un peuple une forme déterminée de gouvernement, parce qu'on aura remarqué que, sous cette forme, un autre peuple, mais dans d'autres circonstances, a obtenu un passé prospère, ou s'est assuré un présent glorieux?

Le dix-huitième siècle, et la révolution française ne s'en est que trop ressentie, le dix-huitième siècle n'a su se garder ni de ces illusions ni de ces lourdes méprises. Il s'agissait de reconstituer la France, et l'on s'occupait de régénérer l'univers. Il s'agissait de remédier à des maux actuels, et l'on dissertait à perte de vue sur la valeur des constitutions. Il s'agissait de restaurer, en l'épurant, la vieille monarchie française, et l'on évoquait, comme un exemple à suivre, le souvenir des républiques d'Athènes ou de Rome. Aussi le dix-huitième siècle a-t-il moins réussi à édifier qu'à détruire, et, tout en accomplissant, au grand profit de la France et du monde, la révolution française, a-t-il comme déchaîné sur la France et le monde l'esprit de révolution.

L'esprit de révolution! Comment définir ce monstre qui nous assiége et qui, peu s'en faut, nous dévore?

Monstrum horrendum, informe, ingens, cui
[lumen ademptum.

C'est, je l'avoue, se payer de phrases et ne pas s'entendre soi-même que de prétendre clore l'ère des révolutions. Car ce serait vouloir une impossible immobilité. Or, il en est des corps politiques comme des corps animés. Leur vie, qu'est-elle autre chose qu'une continuelle évolution ou révolution?

Mais s'il y a un esprit de révolution qui est un esprit de vie, n'y a-t-il pas un esprit de révolution qui est un esprit de mort? Au sortir de cette crise, malgré ses désastres, salutaire, et, malgré ses horreurs, glorieuse, qui a illustré le dix-huitième siècle et qui s'appelle la révolution française, la France ne se serait-elle pas livrée en proie à un esprit de révolution qui serait un esprit de perdition? « Séduit par l'image d'un bien trompeur », le peuple français n'aurait-il pas trop souvent désiré sa propre ruine et fait entendre ce cri furieux, répété déjà tant de fois, et qu'à la suite de Dante, notait Machiavel : « *Vive ma mort!* *et périsse ma vie !* (1) »

Même après plus de trois quarts de siècle écoulés, la France de nos jours, si entreprenante mais si téméraire, si généreuse mais si vaine, si active mais si agitée,

Diruit, œdificat, mutat quadrata rotundis,

____

(1) *Discours sur les décades de Tite-Live,* liv. Ier, ch. LIII : « *Souvent le peuple désire sa ruine, trompé par la fausse apparence; et rien n'est plus facile que de l'entraîner par de vastes espérances et des promesses éblouissantes.* »

la France du moment présent, que ses infortunes mêmes rendent encore plus chère à toute âme française, cette France ne se comprend bien qu'autant qu'on se reporte à la France de 1789.

Plus on y réfléchit, plus on se convainc que ce ne sont pas tant les gouvernements qui décident de la condition des peuples, que ce n'est la condition des peuples qui décide des gouvernements. Un gouvernement n'est, à tout prendre, que l'expression d'une situation donnée.

En 1789, le tiers-état avait acquis une telle consistance qu'en fait il était presque tout, tandis que, comme ordres politiques, la noblesse et le clergé n'étaient presque plus rien. Ce fait, à qui savait l'apercevoir et en saisir la signification, se posait d'ailleurs comme un droit. Car dans ce fait de l'avénement de la nation au gouvernement d'elle-même se manifestait la souveraineté du droit; ou, ce qui revient au même, à la souveraineté du prince qui constituait le droit, se substituait la souveraineté nationale qui se fondait sur le droit.

Effectivement, une nation, répétons-le, n'est-elle point, au même titre qu'un individu, un être moral qui s'appartient, qui peut disposer de lui-même, qui a le droit d'aviser aux moyens qu'il juge les meilleurs de garantir son existence et de protéger ses intérêts? Ou encore, n'y a-t-il point, pour un peuple comme pour un individu, un âge adulte où doit cesser une tutelle, qui, jusque-là bienfaisante peut-être ou même indispensable, ne servirait plus, en se perpétuant, qu'à le faire vieillir dans une longue enfance? En 1789, tout prouvait que la nation française était arrivée à l'âge adulte, et qu'ainsi la féodalité n'avait plus de raison d'être.

Chose prodigieuse et néanmoins indubitable! C'est dans ce fait, si simple en apparence et déjà si ancien, que se trouve, depuis 1789 et aujourd'hui même, le mot de toute notre histoire.

Le dix-huitième siècle avait proclamé, par la révolution française, la souveraineté nationale à l'encontre de la souveraineté du prince. Les dernières années du dix-huitième siècle et les trois premiers quarts du dix-neuvième siècle n'ont été, avec des intervalles de trèves dues à la lassitude et bientôt rompues, qu'un long et douloureux conflit entre les partisans intéressés ou désintéressés de la souveraineté du prince et les partisans intéressés ou désintéressés de la souveraineté nationale; entre ce qu'on a si mal nommé, en les opposant l'un à l'autre, le droit divin et le droit national. Comme si le droit national n'était pas divin, ou comme si le droit divin n'était pas national! Comme si, divin quant à son origine, national quant à son incarnation, le droit n'était point purement et simplement le droit !

De là des prétentions inconciliables, des réactions inverses, des luttes énervantes où semble avoir définitivement succombé le dogme de la souveraineté du prince, mais où le dogme de la souveraineté nationale, à tort contesté, méconnu, menace de faire place, par la faute même de ses détracteurs, au dogme fallacieux, délétère, de la souveraineté du peuple.

Si, en effet, on écarte les détails et qu'on néglige les accidents, pour scruter le sens intime de l'histoire, qu'est-ce que 1793, sinon une réplique abominable des indignes défenseurs de la souveraineté nationale proclamée en 1789, mais devenue, par altération, la souveraineté du peuple, aux résistances passionnées, humaines, mais déraisonnables, des partisans de la souveraineté du prince?

Qu'est-ce que le premier empire, sinon d'abord, contre l'émigration et à la face de l'Europe coalisée, l'affirmation hautaine, guerrière, triomphante, de l'établissement en France de la souveraineté nationale ; puis, par enivrement, dans la souveraineté du prince, l'absorption, sans conscience, de la souveraineté nationale?

Qu'est-ce que la restauration, au milieu même des soulagements attendus et des satisfactions espéréesq u'elle procurait au pays, sinon un effort, tour à tour subreptice et patent, pour rétablir, au détriment de la souveraineté nationale, la souveraineté du prince?

Qu'est-ce que 1830, sinon une revendication nouvelle, facile cette fois, mais dans

des termes ambigus, une revendication
précaire de la souveraineté nationale ? Car
c'est parmi les menées, constamment prati-
quées au grand jour ou dans l'ombre, des
partisans de la souveraineté du prince et
des partisans de la souveraineté du peuple,
que s'exerce cette revendication de la souveraineté nationale.

Qu'est-ce que 1848, sinon, à la suite des
faiblesses de la force et des imprudences
de la prudence, l'explosion subite de ces
agissements conjurés ?

Qu'est-ce que le second empire, sinon la
démocratie couronnée, c'est-à-dire, au nom
et sous le couvert de la souveraineté du
peuple plus encore que de la souveraineté
nationale, une autre intronisation de la
souveraineté du prince ?

C'est ainsi que depuis environ un siècle,
tristement ballottée de la souveraineté du

prince à la souveraineté du peuple, et de la souveraineté du peuple à la souveraineté du prince, la France oscille autour de ce centre de gravité qui est la souveraineté nationale, et qui l'attire sans la fixer.

On aurait tort, en effet, de croire que ce soit pour la France sa grande affaire, que de se décider entre la république et la monarchie. Qu'importe la république, si la souveraineté nationale est méconnue ? Qu'importe la monarchie, si la souveraineté nationale est dominante ? Ni la monarchie n'est, d'une manière nécessaire, la négation de la souveraineté nationale, ni la république n'est, d'une manière nécessaire, l'affirmation de cette souveraineté.

Lorsque Montesquieu énonçait de nouveau la division classique des trois espèces de gouvernements : le républicain, le monarchique et le despotique (1), il exagérait manifestement le nombre des espèces de gouvernements. Car le despotique n'est que la dégénérescence du monarchique, et il n'y a, en définitive, que deux espèces de gouvernements, la république et la monarchie. Encore l'imagination grossit-elle beaucoup les différences qui les séparent, ou les avantages qui les distinguent. Qu'on y prenne garde ! Si la monarchie consiste dans le pouvoir d'un seul, l'administration d'une république ne consiste-t-elle pas, le plus souvent aussi, dans une présidence, c'est-à-dire dans le pouvoir d'un seul ? Si le président d'une république a pour limite de son pouvoir un mandat, le monarque n'a-t-il point pour limite de son pouvoir une constitution ? Si l'autorité monarchique est

(1) *De l'Esprit des Lois,* liv. II, chap. 1.

sujette à se tourner en despotisme, la présidence d'une république ne s'est-elle jamais changée en dictature ? Si enfin, dans une monarchie, la durée du pouvoir expose le monarque à s'infatuer de lui-même, et l'hérédité du pouvoir la monarchie à tomber en d'inhabiles mains, la brièveté du pouvoir, dans une république, n'en diminue-t-elle pas l'efficacité, et sa transmission ne devient-elle point la cause, sans cesse renaissante, de brigues ardentes, de manœuvres perturbatrices, d'où ne sort pas toujours vainqueur celui qui, dans l'intérêt du pays, aurait dû l'emporter ?

Ce n'est donc que par une association d'idées arbitraire que l'on considérerait tour à tour la république ou la monarchie comme la forme de gouvernement sans laquelle il ne saurait y avoir, pour une nation, ni sécurité, ni prospérité. L'Angle-

terre fait assez bonne figure dans le monde,
et l'Angleterre vit en monarchie, sous le
sceptre d'une femme. Les Etats-Unis jouis-
sent d'une assez grande considération,
même en Europe, et les Etats-Unis vivent
en république, sous la présidence d'un ancien élève de Westpoint, qu'ont immédia-
tement précédé à la Maison-Blanche un
ancien pionnier et un ancien tailleur. Vainement voudrait-on ériger la monarchie
ou la république en dogme politique ;
vainement aussi, les dénominations de monarchie ou de république servent-elles
comme de mots d'ordre à certains hommes, pour monter à l'assaut du pouvoir.
Encore une fois, monarchie ou république,
au fond, peu importe. Ce sont les traditions d'une nation, ses origines, son caractère, l'éducation qu'elle a reçue, les éléments sociaux qu'elle renferme, la nature

même du sol ou le climat des régions qu'elle habite, mille circonstances intrinsè-ques et relatives, qui la prédisposent à être en république ou en monarchie. Ce qui importe essentiellement, c'est que le pouvoir n'exprime ni la souveraineté du prince, qui ne serait qu'absolutisme, ni la souveraine-té du peuple qui ne serait que bouleverse-ment ; mais, sous la forme républicaine ou monarchique, la souveraineté natio-nale, qui seule a pour substance le droit.

C'est faute de s'être attachée à ce prin-cipe de la souveraineté nationale, principe fondamental que le dix-huitième siècle a mis, par la révolution française, en pleine lumière, que la France livrée à tant de vicissitudes déplorables, se voit submer-gée par de périodiques cataclysmes. La souveraineté du prince, grâce aux déter-minations odieuses que suggère l'égoïsme, donne bientôt prise et gain de cause à la souveraineté du peuple; et, de son côté, grâce à de coupables extravagances, la souveraineté du peuple rend bientôt nécessaires des maîtres, qui commencent par être des sauveurs. De cette façon, les partis se disputent la France comme un butin, tandis qu'ils devraient, d'un élan unanime, la servir comme une patrie. Quand donc le grand parti de la France aura-t-il absorbé tous les partis, si bien qu'au lieu d'être républicain ou monarchiste, tout citoyen, en France, soit purement et simplement Français? Quand donc et à quelles conditions la France parviendra-t-elle à se fixer dans la souveraineté nationale qui, par l'union, ferait sa force, de même que, par l'union, elle garantirait son repos?

Ces conditions sont tout ensemble des

conditions morales et des conditions politiques.

L'établissement durable, en France, de la souveraineté nationale, et ainsi de la souveraineté du droit, exige deux conditions politiques.

Il faut qu'il n'y ait plus, en France, d'intérêts dynastiques, ce qui ne signifie point nécessairement qu'il faille qu'il n'y ait pas de dynastie.

Il faut que l'on renonce, en France, à invoquer la souveraineté du peuple, ce qui ne signifie aucunement qu'il faille renoncer à la liberté politique et à l'égalité civile que nos pères nous ont si laborieusement conquises ou préparées.

La lutte des intérêts dynastiques, les conflits dont la souveraineté du peuple est le prétexte, voilà, en effet, les maux qui désolent la France en la divisant.

Qu'une dynastie soit compatible avec la souveraineté nationale, parce qu'elle en est à la fois l'organe et le symbole ; qu'une nation s'affectionne à une dynastie, parce que la destinée de la dynastie et celle de la nation se confondent en un ; que, représentée par une dynastie respectée, une nation puisse, au dedans vivre pacifiée et active, au dehors contribuer aux conquêtes de la civilisation, c'est ce dont nous avons près de nous un instructif et éclatant exemple ? Mais, je vous prie, où en serait l'Angleterre, si Cromwell avait laissé pour héritiers des prétendants, et que la maison de Hanovre n'eût pas, de très-bonne heure, fait oublier la maison des Stuarts ?

D'un autre côté, je le demande. Est-ce la souveraineté du peuple telle que nous la concevons, ou la souveraineté nationale qui régit cette république aujourd'hui si florissante et si digne de l'être, si superbe et qui a de si bons motifs de s'enorgueillir, cette république des Etats-Unis qui a préféré se déchirer les entrailles plutôt que de souffrir qu'une manière de souveraineté du peuple attentât à la souveraineté nationale ?

Qu'est-ce effectivement que la souveraineté du peuple ? Qu'on l'entende bien. C'est la souveraineté forcenée du nombre, sans être réellement la souveraineté raisonnable de la majorité. C'est la souveraineté asservissante de la plèbe envieuse qu'exploitent de pervers ou de bas ambitieux, et non point la souveraineté libératrice de la démocratie véritable, qui est aristocratie. C'est enfin la souveraineté flottante de la faction, de la passion, de l'appétit, et non point la souveraineté immuable de la justice, du droit, de la loi.

Non, le nombre par lui-même ne produit point la majorité. Car la majorité doit être avant tout qualité et non pas seulement quantité, et des individus, dont l'égalité de nature emporte néanmoins une inégalité de facultés, ne doivent concourir que d'une manière inégale à la constitution et à l'exercice du pouvoir qui est délégation. Quoi! dans une société civile, ce serait le comble de l'iniquité que des parts égales fussent attribuées à des intérêts inégaux, et le comble de la démence que la gestion fût également confiée aux capables et aux incapables. Et, dans une société politique, une pareille égalité ne serait ni absurde, ni fatale?

Il faut avoir soin de ne pas confondre les droits naturels, qui sont les mêmes chez tous les hommes, tous les hommes ayant la même nature et conséquemment tous les citoyens étant égaux, par exemple, devant la loi, et les droits politiques, qui, procédant d'intérêts inégaux comme d'aptitudes inégales, se diversifient nécessairement chez les individus avec cette inégalité même. Et telle est la force des choses que cette inégalité se manifeste, quoi qu'on en ait, et, quoi qu'on en ait, subsiste invinciblement dans la distribution des fonctions par où s'exerce le pouvoir. Ainsi il n'arrive que trop fréquemment que des fonctions se trouvent mal remplies ou même, par surprise, usurpées ; mais il serait contraire à la force des choses, disons mieux, il serait contradictoire, on ne comprendrait pas qu'elles se trouvassent nivelées. Or, c'est une erreur capitale de se figurer que cette inégalité ne doive pas présider tout d'abord à l'acte collectif et primordial par où le pouvoir se constitue. Constituer le pouvoir n'est-ce

pas, en effet, aussi remplir une fonction, et
conséquemment, en admettant même que
le suffrage doive être universel, ne reste-
t-il point hors de conteste que le suffrage
ne doit pas être égal ? La force des choses
impose l'inégalité des suffrages de même
qu'elle impose l'inégalité des fonctions.
Aussi bien, même lorsqu'il s'agit de suffrage, cette force des choses domine-t-elle,
quoi qu'on fasse, et le suffrage universel,
quoi qu'on fasse, n'est jamais universel,
en raison de particularités innombrables qui
ne permettent plus ou qui ne permettent
point encore d'accorder à un individu, avec
la qualité de citoyen, la jouissance des
droits politiques, bien qu'on le reconnaisse,
comme homme, en possession entière des
droits naturels. Je veux parler de l'âge, de
l'état mental, de l'état moral, des conditions étroites, en un mot, qui constituent la

personne civile. Que tous les Français votent donc, qui sont des personnes civiles, c'est-à-dire qui ont atteint un âge préfixe, dont les facultés intellectuelles paraissent intactes, qui n'ont été frappés d'aucune peine infamante. A la bonne heure. Cependant, établir que les votes de tous les citoyens qui présenteront de semblables garanties, après tout négatives, s'étendent aux mêmes objets et qu'ils aient la même portée; que le vote d'un citoyen dont les intérêts et la capacité reconnus ou présumés sont représentés par un, soit doté de la même valeur que le vote d'un citoyen dont les intérêts et la capacité reconnus ou présumés sont représentés par trois ou par un chiffre plus élevé, c'est là sanctionner une révoltante iniquité et commettre une imprudence inqualifiable; c'est réaliser une majorité purement numérique et abstraite et non point une majorité morale et vivante ; c'est dénaturer, ce n'est point appliquer l'idée de souveraineté.

Dans une société civile, les décisions se prennent à la majorité, il est vrai, et ainsi les voix se comptent. Mais les voix y sont des coefficients et non pas de simples unités, qu'il ne soit plus question que d'additionner. Sans l'inégalité du suffrage, l'universalité du suffrage n'est qu'un leurre funeste, et il n'est pas besoin d'un effort d'esprit extraordinaire pour reconnaître qu'il n'exprime, au lieu de la souveraineté nationale, que la souveraineté du peuple et bientôt de la plèbe ; au lieu de la souveraineté des intérêts et des droits qui naissent des intérêts, qu'une souveraineté faussée, sans consistance et sans autorité. Ni l'Angleterre, ni les Etats-Unis n'ont assis uniquement sur le nombre, le droit électoral et le droit d'éligibilité.

« Dans l'état populaire, observait Montesquieu, on divise le peuple en certaines classes. C'est dans la manière de faire cette division que les grands législateurs se sont signalés; et c'est de là qu'ont toujours dépendu la durée de la démocratie et sa prospérité.

« Servius Tullius suivit, dans la composition de ses classes, l'esprit de l'aristocratie. Nous voyons dans Tite-Live et dans Denys d'Halicarnasse, comment il mit le droit de suffrage entre les mains des principaux citoyens. Il avait divisé le peuple de Rome en cent quatre-vingt-treize centuries, qui formaient six classes. Et mettant les riches, mais en plus petit nombre, dans les premières centuries; les moins riches, mais en plus grand nombre dans les suivantes, il jeta toute la foule des indigents dans la dernière : et chaque centurie n'ayant qu'une voix, c'étaient les moyens et les richesses qui donnaient les suffrages plus que les personnes.

« Solon divisa le peuple d'Athènes en quatre classes. Conduit par l'esprit de la démocratie, il ne les fit pas pour fixer ceux qui devaient élire, mais ceux qui pouvaient être élus; et, laissant à chaque citoyen le droit d'élection, il voulut que, dans chacune des quatre classes, on pût élire des juges; mais que ce ne fût que dans les trois premières, où étaient les citoyens aisés, qu'on pût prendre des magistrats (1). »

Exemples empruntés à un passé bien lointain, mais qui témoignent, par leur antiquité même, que la nature des choses ne change pas, et qui portent en eux un

____

(1) *De l'Esprit des Lois*, liv. II, ch. 11.

enseignement d'une application toujours actuelle ! Exemples qui prouvent que c'est, comme l'observait Cicéron, une maxime de bien public, dont il n'est jamais permis de se départir, qu'il ne faut pas que la plus grande somme de pouvoir soit aux mains du plus grand nombre, « *quod semper in republica tenendum est, ne plurimum valeant plurimi* » (1).

Il n'y a en effet de société viable qu'une société classée ; car il n'y a qu'une société classée qui soit une société organisée. S'ensuit-il qu'on doive en revenir ou en venir au régime des castes ? Qu'on pèse la valeur des mots. La classe n'est pas la caste, non plus qu'à beaucoup d'égards, les ordres, avant 1789, n'étaient pas des castes. Ce qui caractérise la caste, c'est l'im-

(1) *De Republica,* lib. II, cap. XXII.

mobilisation contre nature, non-seulement de la personne, mais de la descendance; tandis que la classe est un milieu approprié, défini, où se déploie l'activité humaine, sans y être enchaînée. La classe n'est point fermée comme la caste. Elle reste ouverte et pénétrable à tous et rien n'empêche que la personne, par son libre effort, non-seulement s'élève de classe en classe, mais qu'elle y porte, pour ainsi dire, sa descendance avec elle. Les ordres qui, en réalité, étaient des classes, non des castes, ne se trouvèrent caducs, en 1789, et n'ont succombé aux atteintes de la révolution, que parce que ce classement de la société française ne correspondait plus à son état effectif. Mais de ce que le classement d'une société est mauvais, ou de ce qu'il a cessé d'être bon, il ne s'ensuit pas qu'il ne doive y avoir dans une société aucun classement. Lorsque dans un pays tous sont à même de prétendre à tout, non par un mérite éprouvé, mais par leur convoitise et par leur audace ; quand le gouvernement ne consiste plus en une série de délégations qui se terminent à une délégation suprême et qui comportent, avec des degrés distincts, une hiérarchie fondée sur les aptitudes et les intérêts ; quand le pouvoir devient le prix de la course et comme un objet de rapt ; un tel pays, par sa désorganisation même, ne semble-t-il pas menacé d'une prochaine dissolution ?

Montesquieu, distinguant la démocratie et l'aristocratie, écrivait : « Lorsque, dans la république, le peuple en corps a la souveraine puissance, c'est une démocratie. Lorsque la souveraine puissance est entre les mains d'une partie du peuple, cela s'appelle une aristocratie (1). » Pour peu qu'on y réfléchisse, il est impossible d'accepter la distinction qu'établissait l'immortel publiciste. Lorsque la souveraine puissance est entre les mains d'une partie du peuple, cela s'appelle plutôt la démagogie ou l'ochlocratie, le pouvoir de la multitude, la bête aux mille têtes, *bellua multorum capitum,* ou encore céphalopode gigantesque, « qui quelquefois avec cent mille bras renverse tout ; quelquefois avec cent mille pieds ne va que comme les insectes (2). » Lorsqu'au contraire, dans une république, le peuple en corps a la souveraine puissance, c'est, je l'accorde, une démocratie véritable ; mais ce n'est une démocratie véritable qu'autant que c'est en même temps une aristocratie.

(1) *De l'Esprit des Lois,* liv. II, ch. II.
(2) Idem., *ibid.*

En vain des rhéteurs pleins de fiel et saturés de mensonge, arguant contre une chose de soi excellente, de faits qui n'en prouvent que la corruption, *optimi corruptio pessima,* se sont-ils appliqués, au dix-huitième siècle et depuis, à diffamer ce beau mot d'aristocratie. L'aristocratie n'est point, ou du moins, en France, ne peut plus être le patriciat de la naissance, le principat de la richesse, le règne d'une minorité privilégiée et usurpatrice. L'aristocratie, c'est le gouvernement déféré aux meilleurs; c'est le pouvoir exercé par les mains les plus dignes; c'est le régime qui, prenant tout citoyen à sa mesure, réalise le mieux cette maxime si justement aimée de la démocratie : « A chacun suivant sa capacité. » Séparez de la démocratie l'aristocratie, et la démocratie, viciée dans son essence, n'est plus qu'une multitude tour à tour maîtresse et maîtrisée; vil troupeau lorsqu'elle se donne un maître; plus abjecte encore quand elle se livre à des tribuns de café qui la tiennent en complet mépris et, par le dérèglement, la précipitent à la ruine et au déshonneur.

Les prétentions dynastiques, le dogme dérisoire de la souveraineté du peuple, voilà les maux qu'il est indispensable de conjurer, pour nous assurer enfin, sous une forme monarchique ou républicaine, l'empire de la souveraineté nationale. Ce sont là, pour la France, les conditions politiques de la restauration de sa grandeur.

Mais à ces conditions politiques s'ajoutent des conditions morales peut-être plus nécessaires.

Parmi tous les traits qui caractérisent la nation française et qui, de tout temps, l'ont rendue le peuple le plus séduisant et le plus secourable de l'univers, comme le plus redoutable aux autres et le plus fatal à lui-même, il n'y en a point sans contredit de plus signalé que la généreuse mais inquiète et mobile ardeur qui l'emporte tour à tour à toutes les extrémités de l'engouement et de la haine, de même qu'à tous les excès d'une obéissance servile et d'une indépendance insensée ; qui trop souvent, au détriment de sa propre cause, en fait le champion passionné de causes étrangères ; qui enfin, sous prétexte de progrès, ne lui permettant aucune stabilité, et, sous prétexte d'améliorations, aucune suite, l'agite et l'exténue dans une succession sans terme de changements sans objet. Jamais, d'ailleurs, cette force de tempérament qui se tourne inévitablement en faiblesse, on dirait bien cette fièvre, cet éblouissement du sang, n'ont éclaté avec une intensité plus profonde à la fois et plus destructive qu'au dix-huitième siècle et par la révolution française. Car la révolution française, qui remuait le monde entier, en France renversait ou ébranlait tout.

Certes, il se peut qu'une révolution soit une crise heureuse, ou même une délivrance. Ainsi, n'est-ce point d'une révolution que sont nés les Etats-Unis ? Mais depuis la guerre de l'indépendance et malgré des commotions intestines inouïes, quelle sûreté de démarches et quelle constance de direction dans les affaires ! Entre des éléments si hétérogènes et incessamment accrus, quelle cohésion ! Au milieu d'intérêts si divers, quel développement prodigieux de la chose publique ! Quelle préoccupation vigilante du droit chez ce peuple d'insurgents ! En dépit de la diversité des races qu'ils renferment dans leurs frontières toujours mouvantes, les Etats-Unis d'Amérique ne comptent que des Américains. — Ou encore, n'est-ce point de révolutions successives qu'est sortie la moderne Angleterre ? Mais n'est-il pas avéré, comme l'a fort bien remarqué de Lolme, « que ces révolutions y ont toujours eu des résultats dont tous les ordres du peuple ont réellement et indifféremment profité (1) ? » Mais, depuis 1688, quel amour de la stabilité ! Quel respect de la hiérarchie ! Quelle grandeur et quelle force non interrompues de la loi ! Et, à l'abri de la loi, pour tous, quelle sécurité ! Quel sentiment, chez les gouvernés, de la nécessité d'un gouvernement ! Et chez les gouvernants, quel sens imperturbable de la réalité et quel âpre souci du bien public !

(1) *Constitution de l'Angleterre* ; Paris, 1822, 2 v. in-8°; t. II, p. 65, liv. II, ch. xv.

« Que le peuple anglais, écrivait de Lolme, craigne donc (il le faut pour sa liberté), mais qu'il ne cesse jamais entièrement d'aimer ce trône, dépôt unique des forces actives de l'Etat.

« Qu'il sache que c'est lui qui, prêtant une force immense au bras de la justice, la met en état d'amener en compte le faible comme le puissant transgresseur ; qui a supprimé et sarclé, si je puis m'exprimer ainsi, toutes ces tyrannies, tantôt liguées, tantôt rivales, qui tendent sans cesse à germer du sein des sociétés, et qui sont d'autant plus terribles qu'elles sont moins assurées....

« Qu'il sache que c'est lui qui, ne laissant voir au riche d'autre sûreté pour son palais que celle que le cultivateur a lui-même pour sa cabane, a réuni sa cause à la sienne, celle du puissant à celle du faible, celle du citoyen accrédité à celle du citoyen qui est inconnu.

« C'est le trône surtout, c'est cette puissance jalouse, qui l'assure que ses représentants ne seront jamais que ses représentants, et elle est la Carthage toujours subsistante qui lui répond de leur vertu (1). »

Le peuple anglais semble pratiquer, à la lettre, ces sages, ces éloquentes maximes, et, nonobstant la distinction tranchée des classes, l'Angleterre ne compte que des Anglais.

Que nous sommes loin d'offrir un aussi admirable modèle! Il semble, au contraire, que, par la révolution française, le dix-huitième siècle ait constitué la France en état permanent de révolution. Grâce, en effet, à son humeur naturellement turbu-

____

(1) *Constitution de l'Angleterre,* t. II, p. 8, liv. II, ch. x.

lente, mais diversement surexcitée, beaucoup plus qu'à sa position quasi centrale en Europe, la France est devenue, depuis 1789, le foyer toujours incandescent d'où rayonne sur les autres pays, pour de là réfléchir vers la France, l'esprit révolutionnaire. Ce n'est pas tout. D'un côté, je ne sais quelle badauderie libérale nous possède qui, indiscrètement et à tout propos, nous engage dans toute espèce d'immixtions, en même temps qu'elle nous porte à fronder, à dénigrer, comme un despotisme imbécile, l'autorité quelle qu'elle soit, et, au delà d'un présent qu'il conviendrait de continuer en le corrigeant, nous incite, oublieux du passé, à poursuivre un avenir obscur, que nous ne savons préparer qu'en accumulant les ruines. D'un autre côté, une opposition, inconnue jusqu'à nos jours, s'est formée, hargneuse, imprévoyante, incapable de tout et capable de tout, qui ne sert plus au pouvoir de modérateur, ni aux intérêts publics de sauvegarde ; mais qui, remplie de préten-tions, toute préoccupée de ses visées per-sonnelles, ne prend plus même souci, dans son ignorance cupide autant qu'implaca-ble, de se conserver le mérite de la sin-cérité. Vous diriez de cette opposition en face du pouvoir, le païen de la fable en présence de l'oracle, auquel il demande si l'oiseau qu'il cache dans sa main est mort ou vivant, prêt à le laisser vivre si l'oracle répond que l'oiseau est mort, prêt à l'étouf-fer si l'oracle répond que l'oiseau est vi-vant. Le pouvoir maintient-il la paix ? Cette opposition s'écrie que c'est une lâcheté. Le pouvoir résout-il la guerre ? Cette oppo-sition s'écrie que c'est une folie. Le pou-voir incline-t-il à la clémence ? Cette oppo-

sition s'écrie que c'est une faiblesse. Le
pouvoir ordonne-t-il la répression? Cette
opposition s'écrie que c'est un crime. Et
comme si, pour paralyser en France la
bonne administration des affaires, ce n'é-
tait point assez d'une pareille opposition,
dont les représentants ne cessent de s'a-
dresser par les fenêtres à la populace, qui
ne manque jamais, à heure dite, de venir
se joindre à eux en forçant les portes; dans
cette France qui ne devrait compter que des
Français, les citoyens se divisent et se sub-
divisent, non-seulement en monarchistes et
en républicains, mais en légitimistes, en or-
léanistes, en bonapartistes, en démocrates,
en socialistes, en communistes, en conser-
vateurs, en libéraux, en radicaux. Telle-
ment l'esprit révolutionnaire, à la faveur de
notre mobilité naturelle, a, depuis 1789, pénétré la masse sociale, qu'il menace chaque
jour davantage de pulvériser!

Enfin, quelque répugnance qu'on éprouve et quelque réserve qu'il convienne de mettre ici à s'exprimer, quel sujet n'est-ce pas de regrets amers et de cuisante douleur? La France a eu cette mauvaise fortune que, durant ces vingt dernières années, la politique du pouvoir qui avait commencé par nous rendre au dedans la sécurité, au dehors quelque prestige, a fini par être, au dedans comme au dehors, sous une forme romanesque, littéraire, une politique constante seulement en ceci, qu'aux applaudissements d'une presse inepte, ou mercenaire, ou vénale, elle s'est montrée à peu près en tout et toujours étourdiment révolutionnaire. Au dedans, quels sont les ressorts du corps politique qui, de parti pris ou par mégarde, n'aient pas été faussés? Quelle idolâtrie du nombre! quelle manie de thèses chimériques ou subversives !

Quelle quête de popularité! Quelle substitution du bien-être au bien vivre! Et au dehors, quelles paroles! Et à la suite de ces paroles, quels actes! Un jour, on déclare que les traités de 1815 sont détestables, et ce seul mot, que n'appelait aucune provocation, suffit, en jetant l'alarme, en encourageant de sourdes convoitises, à détruire, sinon pour jamais, du moins pour longtemps, l'équilibre européen. Plus tard, on déclare qu'il n'y a que la France qui fasse la guerre pour une idée, et, en amoindrissant l'Autriche, notre principale coïntéressée au delà du Rhin, on attache à nos flancs l'unité italienne, avant-courrière et bientôt, même par sa faiblesse, auxiliaire puissante de l'unité allemande. A un autre moment, on déclare qu'il importe d'aller rétablir au delà de l'Atlantique la prépondérance menacée des races latines, et dans cette lugubre entreprise, où coule à flots, pour des intérêts qui ne sont pas français, le sang français, viennent sombrer trésors, alliances, presque notre crédit, presque notre honneur. Un autre jour, *excidat dies illa !* un autre jour, avec une naïveté impardonnable de désintéressement outrecuidant ou de flagornerie calculée, on déclare que la Prusse est mal faite et qu'à l'Europe incombe le devoir de faciliter son expansion.

La Prusse mal faite! Quoi! ce n'était pas assez qu'au dix-huitième siècle, d'un burgrave de Nuremberg, d'un électeur de Brandebourg, si bien destiné d'abord à devenir roi des Vandales, et devenu, moyennant finances, par la stupidité d'un suzerain, roi en Prusse, la politique française eût largement contribué à faire un roi de Prusse! Il fallait encore qu'au dix-neuvième siècle la politique française, en rendant possible

Sadowa, fit d'un roi de Prusse un empereur en Allemagne, et prochainement peut-
être un empereur d'Allemagne!

Sans doute le cœur saigne à établir entre
la France et la Prusse la moindre compa-
raison. Mais comment décliner les ensei-
gnements de cette Muse inexorable, ven-
geresse, qu'on appelle l'Histoire? Si donc,
en considérant la France, on apprend où
peuvent mener un peuple l'esprit d'aven-
ture et la légèreté; qu'on apprenne, en considérant la Prusse, où peuvent conduire
un peuple l'esprit de suite et la constance.
Une fois dégagée de la mortelle étreinte du
vainqueur d'Iéna, la Prusse se recueille,
et, toute entière appliquée au soin de se re-
faire, fidèle à sa dynastie, confiante dans ses
institutions, demeure, depuis la chute du
premier empire, spectatrice passive, mais
attentive, de tous les remuements qui s'ac-

complissent en Europe et dans le monde. Ni les séductions de la gloire, ni les appâts proposés à son ambition très-connue, ni les angoisses de ses proches ne peuvent l'arracher à son immobilité délibérée et que troublent à peine quelques agitations intérieures promptement comprimées. Silencieusement elle amasse son or et silencieusement elle aiguise son fer, guettant l'avenir. Puis, au moment propice, quand son or lui a eu préparé les voies par l'espionnage, l'achat des influences ou la trahison; quand elle a eu fait, par un acte de brigandage, l'épreuve des jalousies, des divisions, des mollesses de l'Europe et s'est rendue certaine de l'universelle neutralité; d'accord avec la maison de Savoie, qui lui assurera du moins l'appoint de ses défaites, et, bon gré mal gré, rangeant sous l'aigle des Zollern tous ces petits princes allemands qu'avec tant de justesse l'Auteur du *Prince* eût appelés « des rognures », elle fond à l'improviste sur l'Autriche, sa complice, sa dupe d'hier, maintenant sa victime affaiblie, délaissée, et la transperce de son fer, dont elle dirige soudainement la pointe contre la poitrine de la France abusée et sans armure.

A Dieu ne plaise, d'ailleurs, qu'une âme française envie de pareilles victoires! Non, même telle que nous l'avons faite, mais avec son passé et aussi avec son avenir, la France n'a rien à envier à la Prusse, même telle que nous l'avons faite. Qu'est-ce effectivement que la Prusse et son or, sinon l'envahissement corrupteur? Et qu'est-ce que la Prusse et son fer, sinon la barbarie avilissante, qui, toujours en armes, oblige ses voisins à être toujours armés, convertit les villes en casernes, et substituant à la vie civile la vie des camps, tend à changer les peuples agriculteurs, industriels, artistes de l'Europe, en peuples chasseurs, c'est-à-dire à nous ramener à l'état sauvage. Toute autre a été et toute autre demeure la destination de la France, qui, de tout temps et principalement au dix-huitième siècle, par la révolution française, a initié toutes les autres nations du globe au droit et à la liberté.

Cependant, sous peine de devenir une Pologne, il y a urgence à ce que la France modère les ardeurs de son tempérament, réprime les écarts de son imagination, mette fin aux divagations de sa conduite, renonce à une politique de fantaisie, s'arrache aux frénétiques, repousse les ambitieux de tout étage, et sachant une bonne fois ce qu'elle veut et ce qu'elle peut, retrouve un centre de vie qui remplace celui

qu'au dix-huitième siècle et par la révolution française, elle a brusquement abandon-
né. Les peuples, hélas ! ont eux-mêmes leur
enfance, leur jeunesse, leur virilité, leur
vieillesse. Loin de nous les prophètes de
malheur qui annoncent à la France son
déclin ! Persuadons-nous plutôt qu'après
les orages de la jeunesse, la France est
parvenue à la virilité. Mais on est forcé
de l'avouer : cette patriotique espérance
ne saurait être remplie qu'autant qu'après
avoir amendé son caractère, la France tra-
vaillera aussi, en revenant au sens commun, à réformer ses mœurs.

Qui le pourrait nier? Si le dix-huitième
siècle, par la révolution française, a déve-
loppé jusqu'au vertige l'instabilité qui est
naturelle à l'esprit français, mais qui procède de sa générosité native, quel désordre
son enthousiasme délirant n'a-t-il pas intro-

duit dans les idées ? Recensez les idées nécessaires, sans lesquelles l'humanité tomberait dans l'animalité, les idées de société, de patrie, de famille, de propriété, de morale, de religion, et dites s'il y a une seule de ces idées, qu'au milieu des préludes et dans le tumulte de la révolution française, le dix-huitième siècle n'ait pas obscurcie par les clartés mêmes qu'il s'efforçait d'y apporter. Phénomène surprenant, lamentable, et qui, à certains égards, autorisait de Maistre à s'écrier, en 1797, « que la révolution avait un caractère satanique » ; le même siècle qui a proclamé les principes de 1789 a placé la France sur la pente qui conduit à des gouffres sans fond et par où un peuple est amené à se trouver un peuple sans principes. Or, c'est sur cette pente que follement et savamment nous nous sommes laissés glisser.

Que l'on parcoure, en effet, ou qu'on se remette en mémoire les livres de tout genre qui, depuis quarante ans, ont le plus marqué, sinon par le mérite, du moins par la diffusion et par le succès; et qu'on examine ce qu'a fait la critique pédantesque et sonore du dix-neuvième siècle de ces idées premières de société, de patrie, de famille, de propriété, de moralité, de religion que les emportements indiscrets du dix-huitième siècle avaient déjà si gravement compromises. Qu'est-ce que la société? Un système vermoulu d'institutions abusives, qui rendent le pauvre la proie du riche, et que doit supprimer un socialisme, un communisme, un collectivisme réparateur. Qu'est-ce que la patrie? Une abstraction, un morcellement de l'univers, une expression géographique vieillie, qui ne sera plus qu'un souvenir lorsqu'enfin arrivera le règne de l'humanité. Qu'est-ce que la famille ? Une contradiction de l'état, un cercle étroit où s'atrophient les facultés humaines, une geôle où les enfants languissent captifs, où l'épouse est esclave, où le mari qui la maîtrise gémit lui-même emprisonné. Qu'est-ce que la propriété ? C'est le vol, la tyrannie cruelle du capital, la spoliation infâme ou du moins l'usurpation organisée. Qu'est-ce que la morale et qu'est-ce que la religion ? La morale n'est qu'un contrat léonin que dictent les plus forts ; la religion qu'une superstition qu'exploitent les plus habiles ; au demeurant chaque homme est à lui-même sa loi, comme chaque homme est à lui-même son Dieu ; les promesses du Christ consolateur se réduisent à de puériles légendes ou à de pieuses impostures ; Dieu n'est qu'un idéal, l'axiome éternel qui se prononce au plus haut de l'éther ; tout est matière ; il n'y a d'adorable que la nature, et si, accablés par la souffrance, notre pensée et nos soupirs nous reportent irrésistiblement vers le père des êtres, ce n'est point un Dieu personne, mais l'insondable, l'inaccessible abîme qu'il nous faut invoquer. Bref, la morale est indépendante et l'athéisme doit constituer le premier article du credo d'un savant et d'un patriote. Car Dieu c'est le mal.

En vérité, je n'imagine rien, je n'exagère rien, je me borne à transcrire, non sans rougir pour l'esprit français, ce qui se lit dans un grand nombre, dans le plus grand nombre des ouvrages contemporains, ou sérieux ou frivoles, romans composés pour plaire, fictions destinées à la scène, traités rédigés pour instruire. De la sorte, société, patrie, famille, propriété, morale, religion, les idées les plus chères à l'espèce humaine et les plus essentielles, celles qui lui forment une auréole et qui lui servent de bouclier, tout, depuis quarante ans, a été discuté, contesté, attaqué, nié et renié. Vainement des écrivains plus amoureux de bon renom que de bruit, et moins désireux de tendre leurs voiles au vent de la faveur populaire que soucieux de prévenir un immense danger, se sont-ils efforcés de conjurer cette perversion, cette subversion du sens commun. La foule, dont ils ne flattaient point le goût par des paradoxes, a négligé leurs discours comme d'ennuyeuses homélies, et, de leur côté, les beaux esprits n'ont pas manqué de récuser ces défenseurs de la raison, ou même de les bafouer, au nom de la libre pensée, de la libre science, de la libre philosophie. Comme si, de nos jours, la pensée, la science, la philosophie étaient serves ! Comme si les

procédés d'intolérance et les menaces d'es-
clavage ne venaient pas précisément de
ceux-là même qui ont sans cesse à la bou-
che les mots de libre pensée, de libre
science, de libre philosophie ! Ou comme
si, enfin, la pensée, la science, la philosophie, n'étaient point des éléments de la
réalité qui s'impose, mais des objets de la
liberté qui choisit ! Eh ! bien, je le demande
aujourd'hui à ces rares esprits, à ceux-là
surtout qui, du sein d'une satisfaction
béate, nous étalent présentement les con-
seils de leur prud'homie, et qui, après
avoir tant contribué au mal, osent bien
nous proposer des remèdes ; je le leur demande : croient-ils encore qu'ils aient fait
œuvre de maîtres, en travaillant à substituer aux solides, aux éternelles données du
sens commun, de vagues et inintelligibles
rêveries ? Croient-ils encore qu'il soit per-

mis de débiliter, de dévoyer, d'empoison-
ner impunément la raison publique? Enfin,
croient-ils encore que ce soit sans péril
imminent, qu'une nation chrétienne puisse
laisser s'oblitérer en elle les saintes no-
tions de l'âme et de Dieu? S'il en est un
seul qui le croie, que celui-là se lève et
qu'il parle! Pour moi, je ne le crois pas, et
quand je considère les ruines qui ont fait de
Paris presque une autre Persépolis, ce n'est
pas sous les laves du pétrole, mais sous le
torrent des idées fausses, qu'il me semble
avoir vu s'écrouler les monuments glorieux
des arts, de la puissance et du génie.

L'ancien régime s'était affirmé dans cette
maxime restée célèbre : « Une foi, une
loi, un roi. » C'était là tout un admirable
programme, mais un programme idéal, ir-
réalisable, et auquel effectivement la réalité
ne répondait que trop peu. Car, au dix-sep-

tième siècle notamment, la foi, c'était, en somme, la croyance du prince ; la loi, c'était, sous beaucoup de rapports, la volonté du prince, et le prince lui-même vivait persuadé qu'il ne relevait que de sa conscience et ne tenait son pouvoir que de Dieu.

Le dix-huitième siècle, par la révolution française, proclama que la loi ne dépendait pas de la foi, en même temps qu'il établissait que le prince ne dominait pas la loi, mais la loi, le prince. De cette manière, et sur les débris du trône et de l'autel, que faisaient voler en éclats de criminelles et aveugles violences, s'affirmait, à son tour, appelant après soi l'avènement de la liberté de conscience et l'avènement de la liberté politique, un régime nouveau, le régime de la loi.

Cependant, qu'on veuille bien y réfléchir. Qu'est-ce que la loi, si on ne lui attribue une origine divine ? La volonté des particuliers, sinon la volonté du prince, c'est-à-dire encore l'arbitraire. Et qu'est-ce que la loi sans une autorité indéclinable qui en assure l'exécution ? Un conseil inefficace et une abstraction pliable à tout. Dans l'un et l'autre cas, la loi cesse d'être une obligation, pour devenir uniquement un thème de revendication ; elle se présente comme un droit et n'est plus un devoir. Or, si le devoir ne précède, le droit court risque aussitôt de ne plus être qu'un changeant et outrageux caprice, qu'une impérieuse et inaccommodable exigence, finalement que le droit du plus fort. C'est en effet du devoir que procède le droit, et non point du droit le devoir.

Et qu'on ne se persuade pas qu'il n'y ait là qu'une question de métaphysique alambiquée et vide. Si, d'un côté, la Déclaration des Droits a jeté, sur le dix-huitième siècle, tant de lustre et marqué la révolution française du sceau de l'immortalité; c'est, d'un autre côté, évidemment, parce que, dans cette déclaration même, l'idée de droit s'est trouvée, contre nature, distraite de l'idée de devoir, que le dix-huitième siècle a été une époque de perturbation générale et que la révolution française s'est terminée à des renversements. La loi sans la foi, je dis sans une foi quelconque, une loi sans Dieu; la loi sans le roi, je dis sans une représentation inviolable quelconque, une loi sans garantie; en un mot, le droit sans le devoir, voilà la base instable, chancelante, sur laquelle, par la révolution française, le dix-huitième siècle a prétendu asseoir la souveraineté nationale. Comment s'étonner, après cela, des mécomptes répétés qui ont affligé la France et des gouvernements ca-

lamiteux qu'à diverses reprises elle a su-
bis ? Certainement donc il est d'une ex-
trême importance que la France condamne
irrémissiblement la billevesée formidable
de la souveraineté du peuple, et que, réu-
nissant en un tous les partis, l'esprit
public ne confonde plus avec des intérêts
dynastiques, complexes et passagers, les intérêts indivisibles et permanents du pays.
Certainement aussi il importe encore davantage que la France, sans rien perdre
de ses instincts généreux, refrène la mobilité de son caractère ; que, sans cesser
d'être chevaleresque, elle se préoccupe
d'abord de son propre sort ; que, sans renoncer à une noble initiative, soit en politique, soit dans la science, elle ne prenne
plus pour des choses des mots, de fasti-
dieux non-sens pour de fécondes nouveau-
tés, et pour des conditions de progrès, des

agitations maladives et de ruineux changements. Mais ce qui importe par-dessus tout, c'est que, dans cette France « qui a tant changé, qu'elle ne sait plus elle-même à quoi s'en tenir, » c'est que, « dans ces terres trop remuées et devenues incapables de consistance, qui sont tombées de toutes parts et n'ont fait voir que d'effroyables précipices (1), » se relève, se raffermisse, se ranime, supportée par la pensée de Dieu, soutenue par le sentiment du respect, développée par l'instruction mais vivifiée par l'éducation, l'idée inspiratrice du devoir.

C'est ainsi seulement qu'en France se réaliseront les conséquences légitimes du dix-huitième siècle et de la révolution française, et qu'en France, au milieu même du conflit

____

(1) O. F. Bossuet, *Oraison funèbre de Henriette de France, reine d'Angleterre.*

interminable des passions humaines, s'établira l'empire du droit fondé sur l'empire de la raison. Le culte du devoir ! là est le point essentiel, décisif, capital. Ce point négligé, rien ne vaut, et les politiques n'imagineront ni constitutions, ni combinaisons qui nous puissent sauver ; ce point obtenu, tout s'ensuit, et le reste, république ou monarchie, n'est que secondaire. Car, la république et la monarchie, la monarchie et la république, peuvent également exprimer la souveraincté nationale, comme elles sont également capables de suffire aux destinées de la véritable démocratie. C'est à la France de consulter ses préférences, ses inclinations, ses nécessités. — Républicaine , qu'elle affronte résolument et sans arrière-pensée l'avenir, mais qu'elle mette la république à l'abri des sophistes avides, des gens sans aveu, des brouillons

de toute espèce, dont la république est le
refuge ou la carrière ; qui ne voient dans
le bien public que leur bien privé, et dont
tous les discours, de quelque apparence
qu'ils les colorent, se résument en un mot
unique, le mot de Médée : « Moi ! moi ! dis-
je, et c'est assez. » — Monarchique, qu'elle
ne cherche pas à recommencer le passé,
attendu que si tout se reproduit, rien ne se
recommence ; mais qu'elle se donne une
monarchie nationale, en instituant une monarchie appropriée aux besoins et aux temps
présents. « Ce fut un assez beau spectacle,
dans le siècle passé, écrivait Montesquieu,
de voir les efforts impuissants des Anglais,
pour établir parmi eux la démocratie.
Comme ceux qui avaient part aux affaires
n'avaient point de vertu, que leur ambition était irritée par le succès de celui qui
avait le plus osé ; que l'esprit d'une faction

n'était réprimé que par l'esprit d'une autre, le gouvernement changeait sans cesse : le peuple, étonné, cherchait la démocratie, et ne la trouvait nulle part. Enfin, après bien des mouvements, des chocs et des secousses, il fallut se reposer dans le gouvernement qu'on avait proscrit (1). »

Peut-être un jour quelque autre Montesquieu aura-t-il, en les appliquant à la France, à reproduire à peu près ces paroles. A cette heure, qui le sait ? Cependant, monarchie ou république, république ou monarchie, que la France, en aucun cas, n'aliéne plus la souveraineté nationale, mais qu'elle se place à jamais sous l'empire du droit, de la loi, non sous l'empire d'une volonté humaine, quelle qu'elle puisse être ! Surtout, monarchie ou république, répu-

(1) *De l'Esprit des Lois*, liv. III, chap. III.

blique ou monarchie, que la France reste toujours pour tout Français la patrie ; la patrie aujourd'hui épuisée, sanglante et dont il faut panser les plaies, cicatriser les blessures ; la patrie naguère radieuse et à laquelle il faudra demain restituer son ancienne splendeur !

FIN.

LE PUY. — TYP. ET LITH. MARCHESSOU.